Das Wort der Gottespropheten erfüllt sich

Von Abraham bis Gabriele

Das Wort der Propheten
erfüllt sich

VON
ABRAHAM
BIS
GABRIELE

Gabriele-Verlag
Das Wort

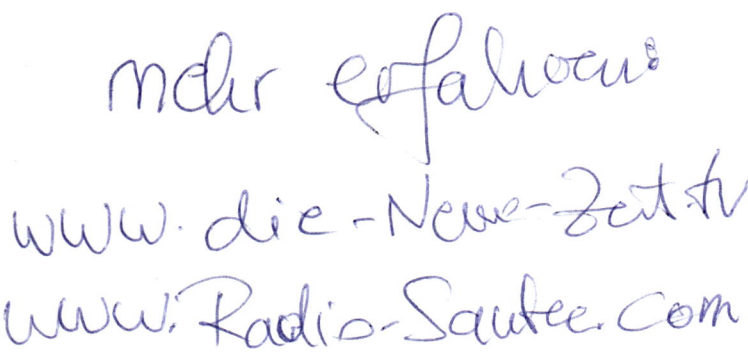

mehr erfahren?

www.die-Neue-Zeit.tv

www.Radio-Santee.com

Das Wort der Gottespropheten erfüllt sich
Von Abraham bis Gabriele

1. Auflage Dezember 2012
© Gabriele-Verlag Das Wort GmbH
Max-Braun-Str. 2, 97828 Marktheidenfeld
Tel. 09391/504-135, Fax 09391/504-133
www.gabriele-verlag.de
Alle Rechte vorbehalten.

Umschlagfoto: © Patrick Poendl/fotolia.com
Druck: KlarDruck GmbH, Marktheidenfeld
ISBN 978-3-89201-353-2

*Denn wie der Regen
und der Schnee vom Himmel fällt
und nicht dorthin zurückkehrt,
sondern die Erde tränkt
und sie zum Keimen und Sprossen bringt,
wie er dem Sämann Samen gibt
und Brot zum Essen,
so ist es auch mit dem Wort,
das Meinen Mund verlässt:
Es kehrt nicht leer zu Mir zurück,
sondern bewirkt, was Ich will,
und erreicht all das,
wozu Ich es ausgesandt habe.*

(Jesaja 55, 10-11)

Inhalt:

mehr auf:
www. die-Neue-Zeit .tv

Vorwort

Das Wirken der Gottespropheten durch alle Jahrtausende hindurch bildet letztlich die Basis der Kulturgeschichte der Menschheit, die großen Religionen berufen sich auch nach wie vor auf das Wort des Ewigen durch die Propheten – und dennoch werden die Gesandten Gottes heute, insbesondere in der sogenannten Christenheit, lediglich zu einer Art Ahnengalerie aus längst vergangenen Zeiten herabgewürdigt.

Auf dem Sockel der Selbsterhöhung hat sich das Kult-Priestertum installiert, gegen das sich die großen Gottespropheten zu allen Zeiten gestellt haben. Das Wort Gottes durch Seine Gesandten wird in den religiösen Institutionen wohl noch da und dort dem schalen Dunst von Dogmen und Glaubenssätzen beigemischt, doch die Visionen der Propheten, Gottes Mahnungen und Wegweisungen werden in den Wind geschlagen.

Die vorliegende Schrift zeigt in dichter Form den großen Bogen auf, der dem Wirken der wahren Gottespropheten zugrunde liegt, aber auch die verheerenden Folgen ihrer Missachtung durch die priesterhörige Mehrheit der Menschen, die dem Wort Gottes nicht gefolgt sind. Von Abraham ausgehend bis zu Gabriele, der Prophetin und Botschafterin Gottes in unserer Zeit, wirkt der eine Geist, die All-Intelligenz, für den einen Plan, der in der Erfüllung des Gebetes liegt, das Jesus, der Christus, lehrte – das Vaterunser, in dem es heißt: „Wie im Himmel, so auf Erden."

Das Wort der Gottespropheten
erfüllt sich.
Von Abraham bis Gabriele

Das Wirken von Gottespropheten in der Menschheitsgeschichte betrachten die meisten Menschen, insbesondere in der sogenannten Christenheit, als eine Gegebenheit, die für ihr alltägliches Leben von untergeordneter Bedeutung ist oder gar überhaupt keine Rolle spielt. Man nimmt das Auftreten der großen Mahner und Künder, der Gesandten Gottes, als ein historisches Geschehen hin, bei dem ein unbekannter Gott, mehr oder weniger nach dem Zufallsprinzip, durch Menschen Sein Wort übermittelte.

Wie es zu diesem Wort kommt, woher dieses Wort – das Wort Gottes – stammt, ja, woher dieser Gott stammt, Der sich offenbart, wie Er beschaffen ist und worum es in dem sich offenbarenden Wort des Ewigen geht, das verschwindet im Dunkel der institutionellen

Überlieferungen. Umhangen von heidnisch geprägten, muffigen Auslegungen durch die Kirchenlehre, wurde die Sicht auf den Inhalt des geoffenbarten Gotteswortes vernebelt.

Obwohl auch in den überlieferten Bibeln davon berichtet wird, wie Jesus die Schrift auslegte, in Bezug auf die Propheten und auf Sein Kommen, machen sich wenige Menschen bewusst, dass Seine Erläuterungen sich auf Abläufe im Zeitlichen beziehen, die ihren Ursprung im Geistigen haben und denen ein Plan Gottes zugrunde liegt.

Zu den Jüngern in Emmaus sprach Christus: *„O ihr Toren! Wie langsam ist euer Herz zu glauben an alles, was die Propheten geredet haben! Musste nicht Christus solches leiden und in seine Herrlichkeit eingehen? Und Er hob an von Mose und von allen Propheten, und legte ihnen in allen Schriften aus, was sich auf Ihn bezog.“*

Diese Worte zeigen: Das Wirken aller Gesandten Gottes ist nicht ein zufällig entstandener Flickenteppich, in dem da und dort das Wort des Ewigen an die Menschen herangetragen wird. Der prophetische Geist, der durch die Wortträger wirkt, ist eingebettet in den großen Plan des Reiches Gottes, die gefallenen Wesen, die im Urgrund ihrer Seele göttliche Wesen aus der ewigen Heimat sind, wieder in das Reich Gottes zurückzuführen. Durch den Ruf Seiner Boten will der Ewige, der universale, freie Geist, Gott, uns Menschen zur Umkehr bewegen und uns den Weg aufzeigen: den Heimweg zurück ins Vaterhaus.

Das ist der göttlich-geistige Plan, der durch alle Zeiten hindurch dem Wirken aller wahren Gottespropheten zugrunde liegt, und das bis auf den heutigen Tag. Die gesamte Menschheitsgeschichte ist untrennbar mit dem Ruf des Ewigen durch Seine Wortträger verknüpft.

Wie auf einer Perlenschnur aufgezogen, richtet sich das Wort Gottes entsprechend dem Bewusstseinsstand der Menschen der jeweiligen Zeit und ihrer Gesellschaft in immer breiterem, umfassenderen Umfang, mit immer tiefergehenden geistigen Lehren an uns Menschen.

*Ein Auftrag, ein göttlich-geistiger Plan
liegt dem Wirken aller Gottespropheten
zugrunde*

In den großen Gottespropheten waren und
sind hohe Geistwesen inkarniert, die mit dem
göttlichen Auftrag in die Welt gesandt wurden,
sich für Sein Wort aufzubereiten, um die Rückkehr Seiner Kinder, Seiner Söhne und Töchter,
die wir alle im Urgrund unserer Seele sind, in
das Reich des ewigen Seins vorzubereiten.
Auf diesen mächtigen Gottesplan hat Jesus
von Nazareth in dem Gleichnis des Weinberg-
bauern hingewiesen, der zu den unfolgsamen
Arbeitern seine Knechte schickte, die allesamt
umgebracht wurden. Als alles nichts nutzte,
sandte er seinen Sohn, doch auch ihn haben
die Weinbergarbeiter umgebracht. In dem
Gleichnis spricht Jesus, der Christus, von Seinem eigenen Werdegang, aber auch von den
Gesandten, den sogenannten Knechten, das
heißt den Dienern Gottes, Seinen Wortträgern,
die hohe Geistwesen sind vor Gottes Thron.

Heute wissen wir durch Gabriele, die Prophetin und Botschafterin Gottes in unserer Zeit, um den riesigen geistig-göttlichen Plan, der dem Wirken aller großen Gottespropheten zugrunde liegt. Es ist *ein* Strom, aus dem die Wortträger Gottes schöpfen. Es ist *ein* Auftrag, für den sie wirken. Es ist der allumfassende Wunsch des ewigen Vaters, alle Seine Schöpfungskinder wieder an Sein Vaterherz zu ziehen, in die Gesetzmäßigkeiten des ewigen Seins, welche die Gesetze des Lebens, des Reiches Gottes sind. Gottes Wille und Sein Wunsch werden einzig durch Seine Gesandten übermittelt.

Sein Wille ist das eherne Gesetz der Unendlichkeit. Zu allen Zeiten wurden Auszüge dieses ewigen Gesetzes – soweit es den Menschen zu erfassen möglich war – gegeben, und zwar durch gottgesandte Menschen, die von Gott den Segen bekommen: Seine Propheten – und nicht durch diejenigen, die sich selbst den Segen zusprechen: die Priester. Deshalb führte Gott Seine Wortträger stets aus dem Bann der Priesterhierarchien.

Wie gesagt: Die Rückkehr aller gefallenen Wesen ins ewige Vaterhaus liegt als geistig-göttlicher Plan dem Wirken aller wahren Gottespropheten zugrunde.

Das prophetische Gotteswort:
Durch Jahrtausende – die eine Quelle

Im Folgenden wollen wir die Perlenschnur näher betrachten – die Perlen des prophetischen Gotteswortes, das uns, ununterbrochen durch alle Jahrtausende hindurch, diesen großen Gottesplan erkennen lässt: von Abraham vor rund 4000 Jahren bis Gabriele heute. Dabei geht es nicht darum, einen lückenlosen historischen Verlauf darzulegen, sondern um den großen Bogen, der durch die Wortträger für uns Menschen aufgespannt ist. In allen Kulturen und zu allen Zeiten sandte Gott Seine Boten, um die Menschen zu Gerechtigkeit und Frieden, zur Abkehr von Gewalt und Grausamkeit zu führen.

Doch in allen Kulturen spielte sich Ähnliches ab: Die Wortträger Gottes wurden verfolgt, vertrieben, oftmals umgebracht. Die Lehre, das Wort des Ewigen, wurde unterdrückt oder verbogen, teilweise bis zur Unkenntlichkeit verfälscht und in die herrschenden Priesterkulthierarchien hinein gewunden.

Abraham: der Stammvater
in der Erkenntnis des Einen Gottes

Vor nahezu 4000 Jahren, inmitten von Vielgötterei, Aberglauben, Baalskult und Opferkultreligionen, offenbarte sich der Ewige Abraham als der Eine Gott. Abraham ist also der Stammvater in der Erkenntnis des Einen Gottes. Durch ihn rief der Ewige die Menschen seiner Zeit auf, Ihm, dem All-Einen, zuzustreben und Abstand zu nehmen von dem kultverhafteten Treiben der Priesterreligionen, die damals, ähnlich wie heute, die Menschen mit Kulthandlungen und Zeremonien verführten – damals sollten die verschiedensten Götter und Götzen gnädig gestimmt werden, heute wird damit dem heidnischen Nachfolgemodell des Baals-Priesterkultes, dem Götzendienst in der Gefolgschaft heutiger institutioneller Kultreligionen, gehuldigt.

Durch Abraham widerlegte Gott machtvoll die Vielgötterei in einer Zeit, in der die Menschen den Trugbildern damaliger priesterlicher Kultreligionen folgten mit der Vorstellung von vielen Göttern und Götzen, die man durch kultische Handlungen besänftigen und dazu bewegen wollte, die Menschen zu schützen oder ihnen Vorteile zu verschaffen.

In diese Zeit hinein sprach der Ewige zu Abraham und trug ihm auf, dass er das Haus seines Vaters verlassen und in ein Land ziehen solle, das der Ewige ihm zeigen werde. Der Überlieferung nach sprach der Ewige zu ihm: „Ich will dich zum großen Volk machen und will dich segnen."

Hier zeigt sich zum ersten Mal der Plan Gottes, ein Volk aufzubauen, das ein Land bewohnen soll, in dem Gottes Segen wirkt, weil die Menschen in Seinem Geiste vereint leben. Der Ewige führte Abraham weg von der damaligen Metropole Ur und verhieß ihm ein Land, in dem Abraham mit den Seinen gesegnet sein würde. Vertrauensvoll verließ Abraham sein angestammtes Land und begab sich auf die Suche, einzig geführt durch das Wort Gottes an ihn.

Abraham erkannte Gott als den Einen Gott, als den „Ich Bin der Ich Bin". Immer und immer wieder mahnte der Ewige im alten Bund die Menschen, den Trugbildern priesterlicher Kultreligionen nicht nachzufolgen, sondern Ihn, den einzig Ewigen, den wahren Gott, Der war, Der ist und Der immer sein wird, zu erkennen und Gerechtigkeit zu üben gegenüber allem, was lebt.

Jahrhunderte vergingen, die Menschen nahmen den einen Gott zum Teil an, andere blieben in den Kulten verhaftet. Anstatt ein Volk aufzubauen, dem ein Land anvertraut wird, das den Segen Gottes empfängt, begab sich das Volk in viele Abhängigkeiten und wurde unter den Ägyptern versklavt.

Durch Mose offenbarte der Ewige die Basis für das Leben in einem Gelobten Land: Die zehn Gebote

Abermals erfasste der Ruf des Ewigen einen Menschen: Mose. Er vernahm die Stimme Gottes, die zu ihm sprach, dass Er ihn und sein Volk in ein gelobtes Land führen werde, in dem Milch und Honig fließt.
Doch es blieb nicht allein bei dieser Verheißung. Der Ewige offenbarte Auszüge aus dem ewigen Gesetz der Himmel, die Zehn Gebote, als ethische Richtlinien für das Leben des Einzelnen, die die Voraussetzungen sind für das Entstehen eines Volkes in einem gelobten Land. Die Verheißung des Gelobten Landes und die Erfüllung der Zehn Gebote bedingen sich gegenseitig.

Sie werden oft isoliert voneinander betrachtet; hier ein Land, das Segen spendet, und da die Gebote Gottes. Diese Denkart entspringt dem priesterlichen Wunderkult, der gelebte Gesetzmäßigkeiten durch einen Geheimnisbund ersetzt.

Mose empfing von Gott, dem Ewigen, die Zehn Gebote, die den Menschen abermals den Einen Gott nahe brachten – das Erste Gebot lautet: „Ich Bin der Herr, dein Gott. Du sollst neben Mir keine Götter haben."

Durch Seinen Propheten wollte der Ewige die Menschen in das Gelobte Land führen. Dazu schenkte Er ihnen durch Mose, in schlichte Worte gefasst, die Zehn Gebote als Lebensregel für jeden Menschen, der dem Einen Gott in seinem Leben die Ehre erweisen möchte.

Der Gegenspieler der Gesandten Gottes: das Kultpriestertum

Aaron, der ältere Bruder von Mose, wandte sich jedoch ab von den klaren Geboten des Einen Gottes. Er errichtete wieder ein Kultpriestertum und schuf eine Kultreligion, die den Priesterstand mit seinem Götzenkult über das Wort des Ewigen stülpte; er selbst wurde bezeichnenderweise der erste Hohepriester seiner Kultreligion. Es wird mittlerweile auch von den kirchlichen Institutionen nicht mehr bestritten, dass Mose die sogenannten „fünf Bücher Mose" gar nicht geschrieben hat. Vieles von dem, was heute in den sogenannten Büchern Mose enthalten ist, wurde dem Gottespropheten also in den Mund gelegt. Sehr vieles steht im krassen Gegensatz zu dem, was der Ewige in Seinen Geboten durch Mose lehrte.

Das allumfassende und in die Einheit führende Gebot „Du sollst nicht töten" wurde zugunsten priesterlicher Kulthandlungen ignoriert und in sein Gegenteil verdreht, indem den Priestern des neuen Kultes, des Aaron-Kultes, geboten wurde, Tiere, also Schöpfungskinder des All-Einen, zu Opferzwecken auf dem Altar, der zum Tier-Schafott wurde, dem Priesterkult zu opfern.

Mose, der Gottesprophet, hielt sicher treu zu den Geboten Seines Gottes. Dieser gebot eindeutig: „Du sollst nicht töten". Durch die Priesterschaft wurden jedoch im Namen Mose Kultgesetze aufgestellt, die dieses zentrale Gebot zu Fall bringen sollten. Der Gott des Lebens, der das Gebot: „Du sollst nicht töten" durch Mose brachte, soll nun Gefallen daran gefunden haben, dass das Blut Seiner Schöpfungskinder an die Altäre gespritzt wurde, dass das Fett von makellosen Lämmern und Kälbern Ihm, dem Ewigen, geopfert werden sollte, angeblich „zum beruhigenden Duft für den Herrn", wie es heißt. Von Ihm, dem Ewigen, der doch durch Mose gebot: „Du sollst nicht töten" soll befohlen worden sein, zu morden und zu lynchen, zu räubern und zu plündern.

Viele Menschen hörten nicht auf das Wort Gottes durch Seinen Propheten. Sie verwarfen die Gebote Gottes und befolgten satt dessen die zahlreichen Priestergesetze, die sie zwar einengten, ihnen aber für eine ethisch-moralisch verdorbene Lebensführung größeren Spielraum ließen.

Priesterkult statt Gotteserkenntnis, Laster statt höhere Ethik, Tieropfer auf äußeren Altären statt Opferung des Sündhaften auf dem inneren Altar machten sich breit. Der Ruf Gottes durch Mose verhallte weitgehend und wurde überwuchert von priesterlichen Kulten und Gesetzesvorschriften. Statt Gebote Gottes – Priestergesetz und Verbote durch die Priesterkaste.

Jahre, Jahrzehnte, Jahrhunderte vergingen. Durch das Erfüllen der Gebote Gottes hätten die Menschen in die Freiheit und zum Frieden finden können. Doch sie banden sich erneut an Kulte, die es ihnen ermöglichten, ihre Gepflogenheiten, die sie sich an den Fleischtöpfen Ägyptens angeeignet hatten, weiter zu pflegen.

*Erneut kam ein hohes Geistwesen aus dem
Reich Gottes und wurde Mensch, um Gott,
dem Ewigen, als Prophet zu dienen: Jesaja*

Die Perlen des Gotteswortes erreichten die
Menschen immer wieder durch die Gesandten des Ewigen, also auch nach Mose. Erneut
kamen hohe Geistwesen aus dem Reich Gottes
und wurden Mensch, um als Propheten das
Gesetz der Freiheit, Einheit und Gerechtigkeit
zu verkünden. So auch der Cherub der göttlichen Weisheit, der in Jesaja wirkte.

Durch ihn, den großen Gottespropheten,
sprach der Ewige machtvoll zu den Menschen
seiner Zeit. Es sind Worte, die bis in die heutige
Zeit hinein Gültigkeit haben. Er forderte die
Menschen auf, Gerechtigkeit zu üben statt
Götzendienst, Mitgefühl und Hilfsbereitschaft
zu pflegen statt Opfergehabe.
Der Ewige sprach durch Jesaja erneut davon,
dass Er der All-Eine ist, der nicht in Tempeln
aus Stein wohnt:

„Ist auch ein Gott außer Mir? Es ist kein Hort, Ich weiß ja keinen." Und *„Welches Haus wollt ihr Mir bauen, hat nicht all dies Meine Hand gemacht?"*

Mit diesen überlieferten Worten spricht der Ewige durch Jesaja Seine Allgegenwart an. Heute schließt sich der Kreis zu dieser zentralen Gottesbotschaft.

„Dies alles hat Meine Hand gemacht; es gibt keinen Gott außer Mir" – in diesen kurzen Sätzen ist überliefert, dass Gott, der Ewige, bereits durch Jesaja sich als die Schöpferkraft der All-Einheit zu erkennen gab, so, wie uns heute durch Gabriele in umfassender Weise Gott als die redende All-Einheit nahegebracht wird.

Durch Jesaja erhob der Ewige
Seine Stimme machtvoll
gegen Schlachtopfer und Götzentum

Weil Gottes „Hand dies alles gemacht" hat, geißelte Er durch Jesaja in klaren Worten die Schlachtopfer – Er sprach:

„Was soll Ich mit euren vielen Schlachtopfern? Die Widder, die ihr als Opfer verbrennt, und das Fett eurer Rinder habe Ich satt; das Blut der Stiere, der Lämmer und Böcke, ist Mir zuwider. Wenn ihr kommt, um Mein Angesicht zu schauen – wer hat von euch verlangt, dass ihr Meine Vorhöfe zertrampelt?

Bringt Mir nicht länger sinnlose Gaben, Rauchopfer, die Mir ein Gräuel sind. Neumond und Sabbat und Festversammlung – Frevel und Feste – ertrage Ich nicht. Eure Neumondfeste und Feiertage sind Mir in der Seele verhasst, sie sind Mir zur Last geworden, Ich bin es müde, sie zu ertragen. Wenn ihr eure Hände ausbreitet, verhülle Ich Meine Augen vor euch. Wenn ihr auch noch so viel betet, Ich höre es nicht.

Eure Hände sind voller Blut. Wascht euch, reinigt
euch! Lasst ab von eurem üblen Treiben!
Hört auf, vor Meinen Augen Böses zu tun! Lernt,
Gutes zu tun!
Sorgt für das Recht! Helft den Unterdrückten!
Verschafft den Waisen Recht, tretet ein für die
Witwen!"
So sprach der Eine Gott, der Gott der Ewigkeit,
der Vater allen Lebens, durch Jesaja mit mäch-
tigen Worten, um die Menschen zur Umkehr
zu bewegen.

Dem Götzenkult, der sich nach Abraham und
trotz der Gebote Gottes durch Mose wieder
aufs Neue breit gemacht hatte, trat der Ewige
durch den Wortträger Jesaja ebenso entschie-
den entgegen:
„Und ihr Land ist voll Götzen; sie werfen sich
nieder vor dem Werke ihrer Hände, vor dem,
was ihre Finger gemacht haben."

Die Anklage durch Jesaja war verbunden mit
der prophetischen Mahnung:

„Und die Götzen werden gänzlich verschwinden. Und sie werden sich in Felsenhöhlen und in Löcher der Erde verkriechen vor dem Schrecken Jehovas und vor der Pracht Seiner Majestät, wenn Er sich aufmacht, die Erde zu schrecken. An jenem Tage wird der Mensch seine Götzen von Silber und seine Götzen von Gold, die man ihm zum Anbeten gemacht hat, den Maulwürfen und den Fledermäusen hinwerfen, um sich in die Spalten der Felsen und in die Felsenklüfte zu verkriechen vor dem Schrecken Jehovas und vor der Pracht Seiner Majestät, wenn Er sich aufmacht, die Erde zu schrecken."

Und weiter:

„Die Götzenmacher sind allzumal eitel, und ihr Köstliches ist nichts nütze. Wer sind sie, die einen Gott machen und einen Götzen gießen, der nichts nütze ist? Siehe, alle ihre Genossen werden zu Schanden; denn es sind Meister aus Menschen. Wenn sie gleich alle zusammentreten, müssen sie dennoch sich fürchten und zu Schanden werden."

Mit anschaulichen Worten wird der Aberwitz des Götzenkultes, der Figurenanbetung angeprangert:

„Es schmiedet einer das Eisen in der Zange, arbeitet in der Glut und bereitet es mit Hämmern und arbeitet daran mit ganzer Kraft seines Arms ....

Der andere zimmert Holz, und misst es mit der Schnur und zeichnet es mit Rötelstein und behaut es und zirkelt es ab und macht's wie ein Mannsbild, wie einen schönen Menschen, der im Hause wohne. Er geht frisch daran unter den Bäumen im Walde, dass er Zedern abhaue und nehme Buchen und Eichen; ja, eine Zeder, die gepflanzt und die vom Regen erwachsen ist und die den Leuten Brennholz gibt, davon man nimmt, dass man sich dabei wärme, und die man anzündet und Brot dabei bäckt. Davon macht er einen Gott und betet es an; er macht einen Götzen daraus und kniet davor nieder. Die Hälfte verbrennt er im Feuer, über der Hälfte isst er Fleisch; er brät einen Braten und sättigt sich, wärmt sich auch und spricht: Hoja! ich bin warm geworden, ich sehe meine Lust am Feuer. Aber das übrige macht er zum Gott, dass es ein Götze sei, davor er kniet und niederfällt und betet und spricht: Errette mich; denn du bist mein Gott!

Sie wissen nichts und verstehen nichts; denn sie sind verblendet, dass ihre Augen nicht sehen und ihre Herzen nicht merken können, und gehen nicht in ihr Herz; keine Vernunft noch Witz ist da, dass sie doch dächten: Ich habe auf den Kohlen Brot gebacken und Fleisch gebraten und gegessen, und sollte das übrige zum Gräuel machen und sollte knien vor einem Klotz? Er hat Lust an Asche, sein getäuschtes Herz verführt ihn; und er wird seine Seele nicht erretten, dass er dächte: Ist das nicht Trügerei, was meine rechte Hand treibt?"

Damals wie heute: Götzenkult. Götzenkult und Heiligenverehrung – wo ist da der Unterschied?

Jesaja kündigte das Kommen des Messias und das Friedensreich an

Doch Jesaja war nicht nur Mahner gegen das Priester-Götzentum und ihre Tiermordlust. Er kündigte das Kommen des Messias, des Erlösers, an, was sich durch Jesus von Nazareth und Seine Opfertat auf Golgatha erfüllte.

Gottes Verheißung durch Jesaja, das Kommen des Christus Gottes, hat sich erfüllt. Der Plan Gottes, angekündigt durch Seinen Himmelsfürsten, den Cherub der göttlichen Weisheit, der in Jesaja wirkte, hat sich im Leben und Wirken des Nazareners vollzogen. Jesus selbst erläuterte Seinen Jüngern die Schrift der alten Propheten in Bezug auf Sein Kommen.

Auch die Institutionen Kirche glauben, dass Gott, der Ewige, durch Jesaja hier wahr gesprochen hat. Kann Er sich dann im weiteren Plan getäuscht haben? Denn Er kündigte durch Jesaja Weiteres an: das Entstehen des Friedensreiches, in dem die Schöpfung zur Einheit, zum

Frieden findet. Sollte sich dies nicht erfüllen? Ist es nur eine schöne Utopie? Nein – so wie das Kommen des Sohnes Gottes in Jesus von Nazareth Wirklichkeit wurde, so wird auch das Entstehen des Friedensreiches auf dieser Erde Realität werden, so, wie es verheißen wurde.

Jesaja sprach:
„Dann wohnt der Wolf beim Lamm, der Panther liegt beim Böcklein. Kalb und Löwe weiden zusammen, ein kleiner Knabe kann sie hüten.
Kuh und Bärin freunden sich an, ihre Jungen liegen beieinander. Der Löwe isst Stroh wie das Rind.
Der Säugling spielt vor dem Schlupfloch der Natter, das Kind streckt seine Hand in die Höhle der Schlange.
Man tut nichts Böses mehr und begeht kein Verbrechen auf meinem ganzen heiligen Berg; denn das Land ist erfüllt von der Erkenntnis des Herrn, so wie das Meer mit Wasser gefüllt ist."
So die Worte Jesajas.

Die Priesterhörigkeit der Massen und ihre Ignoranz gegenüber den Gottespropheten

Mit dem Wort der wahren Gottespropheten hätte die damalige Menschheit die Gebote des Ewigen erfüllen können. Durch die Anwendung der Bergpredigt des Jesus von Nazareth im alltäglichen Leben hätte das Fundament des Friedensreiches Jesu Christi gelegt werden können. Doch die Mehrheit der Menschen blieb stumpf, priesterhörig im Opferkult verhaftet. Sie opferten die Tiere, die Tauben, die Schafe, die Böcklein im Tempel in Jerusalem und machten aus den Altären todbringende Opfersteine, auf denen das Blut in Strömen floss.

Wie es zu der Zeit Jesu im Tempel zu Jerusalem zuging, beschreibt Gil Yaron in Spiegel Geschichte 6/2011 (S. 59):

»Die Priester akzeptierten nur fehlerfreie Opfertiere, banden sie fest und schächteten sie. Das Blut wurde in einem goldenen Gefäß, dem Masrek, aufgefangen. In manchen Fällen war

besondere Fertigkeit von Nöten: Geflügelopfern wurde der Hals mit dem Daumennagel aufgeschlitzt. Blut war als Sitz der Seele wichtigster Teil der Opfergabe. Es wurde auf die Ecken des Altars geschüttet. Rund um den Altar befanden sich „Wasseröffnungen, so dass auf einen Wink hin alles Blut weggespült werde", das von den Opfern zusammenfließt, heißt es im Aristeasbrief, den ein ägyptischer Jude verfasste. Nach dem Blutvergießen wurden Innereien und das Fett auf dem Altar verbrannt, der Rest des Tieres von Priestern oder den Opfernden verspeist.«

Der Opferkult verlief nach strengen Vorgaben, die Opfergaben waren genau geregelt. Wohlhabende führten eine Ziege, ein Rind oder ein Schaf zur Schlachtbank, die Armen brachten Feldtauben oder Turteltauben. Für eine Sünde, für die ein normaler Gläubiger mit einer Ziege Buße tun konnte, musste ein Priester einen Ochsen darbringen.

„Es gab auch Opfer, die rein aus Dankbarkeit erbracht wurden", schreibt der Spiegel weiter:

„Der erste Wurf eines Tieres wurde den Priestern geweiht. Zweimal täglich wurde ganz offiziell ein Rind im Namen und auf Kosten Cesars und des römischen Volkes geopfert ... Darüber hinaus brachten Priester das Daueropfer dar, für das die Leviten mit Gesang und Trompeten die Menge in Stimmung brachten und ihr bedeuteten, wann sie sich zu verbeugen hatte.«

Der größte Prophet aller Zeiten, Jesus von Nazareth, der Sohn Gottes, trat in dieses Kultzentrum, in den Tempel zu Jerusalem, um die Menschen über ihr unheilvolles Treiben aufzuklären und Tierhändler und Geldwechsler aus dem Tempel zu vertreiben. Er sprach:
„Steht nicht geschrieben: Mein Haus soll ein Bethaus heißen für alle Völker'? Ihr aber habt eine Räuberhöhle daraus gemacht."
Das ist der Wunsch des Ewigen, der Seine Kinder zusammenrufen will, um aus allen Völkern die Menschen zusammenzuführen in der Anbetung des Einen Gottes, der keine Opfergaben Seiner Schöpfungskinder verlangt,

sondern durch Seine wahren Gottespropheten die Menschen dazu auffordert, ihr ichbezogenes, allzumenschliches Gehabe zu opfern, das zu Zwietracht, Hass, Neid, Kampf und Krieg führt.

Die mächtige Priesterkaste duldete dies nicht. Sie hetzte das Volk gegen Jesus auf und ließ Ihn durch die Römer ans Kreuz schlagen. Mit der Kreuzigung versuchte der Widersacher Gottes, den Sohn Gottes, den Mitregenten der Unendlichkeit, zu Fall zu bringen und zu verhöhnen.

Der Blut- und Opferkultgedanke wirkt bis in unsere Zeit hinein. Die heutigen Institutionen pflegen in der angeblichen Blut- und Fleischwandlung und durch den vermeintlichen Verzehr von Teilen Seines Leibes das Ritual des stellvertretenden Opfers, dessen ein rachsüchtiger Gott bedarf, um seinen Geschöpfen zu vergeben.

Wie kann man Gott mehr verhöhnen als durch das Verdrehen Seiner Gebote? Durch den

Priesterkult wurde das Niederste zum Höchsten erhoben und das Höchste – Sein Gesetz – ins Niedrigste verzerrt.

Das Gebot „Du sollst nicht töten" wurde zu einem diabolischen Kult verunstaltet, in dem es heißt: „Mir zu Ehren sollst du töten", „zum beruhigenden Duft für den Herrn", wie es heißt. Der Opferkult mit seinen Tötungsritualen auf den Altären der magischen Priester dient einzig dem Gott der Unterwelt. Diesem Gott der Unterwelt wird bis heute Jesus als das Opferlamm in Blut- und Fleischritualen geopfert.

Welcher Gott will, dass Sein Schöpfungswerk, bis hin zu seinem Erstgeborenen, geopfert wird, um ihn auszusöhnen? Der Gott der Propheten will es nicht – es ist der Wille des Gottes der Unterwelt und seiner Gefolgschaft.

Jesus, der Christus, lehrte den freien Geist –
ohne Dogmen, Kulte, Zeremonien

Doch ihr scheinbarer Triumph über den Sohn Gottes konnte den freien Geist, den Jesus, der Christus, lehrte und den Er selbst verkörperte, nicht besiegen. Als Erlöser wirkt Sein Geist in jedem Menschen und in jeder Seele, und als Christus Gottes wirkt Er weiter im mächtigen Erlöserplan.

Das Licht, das Er in die Welt brachte, konnte von den Priesterhierarchien nicht ausgelöscht werden. Zu allen Zeiten scharten sich Menschen um den freien Geist, den Gott Abrahams, Isaaks und Jakobs, den Gott des Jesus von Nazareth, den dieser schlicht Vater nannte. Es ist der Gott aller wahren Gottespropheten. Immer wieder fanden sich Nachfolger zusammen, die sich bemühten, nach den Geboten Gottes zu leben. Sie nahmen das Wort der Wahrheit und Gerechtigkeit an, um es in ihrem Leben umzusetzen – und zwar im Sinne des freien Geistes, also ohne Dogmen, Kulte, Zeremonien und Priester.

Die freie Nachfolge in der Erfüllung des Wortes Gottes bindet keinen Menschen, keine Seele, doch für die Machterhaltung der jeweils etablierten Priesterreligionen bedeutet sie eine Gefahr. Die kultverhaftete Priesterschaft verfolgte, zerstörte und verhinderte jeweils das aufkeimende Urchristentum, den gelebten Einheitsgedanken der Menschen, die Gott, dem Einen, die Ehre geben wollten.

Der Missbrauch des Wortes „christlich"
durch den römischen Kaisergott
Pontifex Maximus

So entstanden auch nach der Erlösertat Jesu wiederum Kultreligionen, Priesterreligionen, geprägt von vielen Facetten menschlicher Vorstellungen und Meinungen. Das Heidentum würfelte um das Gewand des Christus, um es sich Jahrhunderte später selbst umzuhängen,

und zwar in Gestalt des im Papsttum wieder-
erstandenen Pontifex Maximus des Römischen
Kaisergottes.

Die Institutionen nehmen das Wort „christlich"
und umkleiden damit den Kulthabitus, der
aus dem Heidentum stammt. Die Worte der
Gottespropheten werden in den Wust von
Dogmen und Glaubenssätzen hinein drapiert
und als Seelenköder ausgelegt, um die seelisch
verarmte und spirituell ausgehungerte Gefolgschaft in dem Netzwerk der Institutionen gefan-
gen zu halten. Die Völker werden am Quasten-
riemen der Priesterreligionen geführt, in der
Hoffnung der Mächtigen, die religiöse Manipu-
lation mache die Menschen auch im politi-
schen Geschehen gefügig, so dass sie, Lem-
mingen gleich, dem Zeitgeist folgend in die
Fallgrube gleiten. Doch das Wort des Ewigen
hat Bestand, durch alle Zeiten hindurch.

Die Priesterreligionen bleiben
den Beweis schuldig

Wie ernst es den Führern der C-Religionen in Staat und Kirche mit dem Wort der wahren Gottespropheten ist, zeigt sich am Zustand dieser Welt, insbesondere in dem Verhältnis der Menschen zur Schöpfung, zu den Tieren, Pflanzen und Mineralreichen. Denn: Wo bleibt der Beweis der Priesterreligionen, dass sie das Wort des Gottespropheten Jesaja, die große Vision des werdenden Friedensreiches Jesu Christi auf Erden, Wirklichkeit werden lassen? Wo ist auch nur das Bemühen, wo ist überhaupt ein Ansatz, den Beweis erbringen zu wollen, dass der Mensch mit der Natur, mit ihren Pflanzen und Tieren, wieder in die Einheit geführt werden kann?

Es gibt keinen – das Gegenteil ist der Fall: Entgegen der Verheißung Jesajas, entgegen der Vision des Friedensreiches Jesu Christi beharren die äußeren Religionen auf Zwietracht und Trennung, nicht nur gegenüber andersgläubigen

Menschen, sondern auch in der Abgrenzung und Unterdrückung aller anderen Lebensformen, die nicht ein menschliches Antlitz tragen, das bei vielen schon zur ego-verzerrten Maske geworden ist.

Die institutionellen Kirchen haben statt des Beweises das Gegenteil gebracht, indem sie das Reich des Friedens, die Verwirklichung der Bergpredigt, als eine Utopie in eine andere Welt verbannten.

Dann muss man aber fragen:
Wozu also überhaupt institutionelle Religionen, wenn sie die Erfüllung der Kern-Lehrsätze der großen Propheten, auf deren Namen sie sich berufen, unterschlagen, indem sie diese als eine Utopie für eine andere Welt herabwürdigen?
Wozu die vielen Milliarden an Subventionen des Staates – für eine Religion, die die Gottespropheten zu Visionären für eine andere Welt degradiert?

Wozu milliardenschwere Subventionen für äußere Religionen, die die Lehren des Jesus von Nazareth, für dessen Namen sie sich bezahlen lassen, als eine für diese Welt unlebbare Illusion behandeln und in eine andere Welt projizieren? Ist Gott ein Fantast?

Ist Gott ein Utopist, wenn Er durch Seine Gesandten das Friedensreich angekündigt hat und ankündigt? Welche Energieverschwendung und welche Zumutung auf Kosten Seiner Menschenkinder hätte sich Gott durch Seine Propheten hier geleistet? Welche Hinterlist wäre es von Gott, würde Er von den Menschen fordern, eine Lehre zu erfüllen, die auf dieser Erde gar nicht erfüllbar ist?

Das ist institutionelles Kirchendenken und spricht dem großen Geist des Lebens Fantasterei zu. Jesus, der Christus, wird zum Utopisten degradiert, der angeblich für eine Lehre gekämpft, gelebt und gestorben ist, die durch die Menschen im Diesseits gar nicht erfüllbar sein soll.

Jesus selbst sprach zu den unverständigen Pharisäern Seiner Zeit:

„Warum versteht ihr nicht, was ich sage? Weil ihr nicht imstande seid, mein Wort zu hören. Ihr habt den Teufel zum Vater, und ihr wollt das tun, wonach es euren Vater verlangt. Er war ein Mörder von Anfang an. Und er steht nicht in der Wahrheit; denn es ist keine Wahrheit in ihm. Wenn er lügt, sagt er das, was aus ihm selbst kommt; denn er ist ein Lügner und ist der Vater der Lüge. Mir aber glaubt ihr nicht, weil ich die Wahrheit sage."

Hätten die institutionellen Kirchen den Beweis angetreten, dass ihnen das prophetische Wort des Ewigen die Leit- und Richtschnur ihres Handelns ist, dann müsste die Erde jetzt, 2700 Jahre nach Jesaja und Hosea, 2600 Jahre nach Jeremias, 2000 Jahre nach Jesus von Nazareth, dem Christus Gottes, gänzlich anders bestellt sein. Der Friede unter den Menschen, der Friede unter den Nationen und Völkern wäre eine Selbstverständlichkeit. Die Waffen wären zu

Pflugscharen umgearbeitet worden. Der Mensch würde in der Einheit mit den Pflanzen und Tieren, ja mit der ganzen Mutter Erde leben. Die Erde, dieser wunderbare Wohnplanet, der Juwel im Firmament des Ewigen, würde erblühen in der Schönheit der Einheit, die ausstrahlt in das All, und sie würde vom All die positiven Kräfte, die Strahlung und Schwingung des ewigen Seins empfangen und aufnehmen können.

Die Früchte priesterlichen Blendwerks

Doch wie ist es um die Erde bestellt? 2700 Jahre nach Jesaja, 2000 Jahre nach Jesus?
Sie steht am Abgrund – und das durch Menschenhand. Ausgepumpt, vergiftet und verunstaltet trägt sie die Last, die ihr die Menschen auferlegen. Doch wie lange noch?
Über und über mit Waffenarsenalen ausgerüstet, sprechen die Mächtigen dieser Welt wohl vom Frieden, sie sind aber jederzeit be-

reit, die todbringende Maschinerie gegen ihre Nächsten einzusetzen, wenn es darum geht, ihre Besitzstände zu wahren.

Die Verhöhnung des Christus Gottes findet insbesondere in den Ländern statt, in denen sich die Regierenden auf Jesus berufen, den Friedefürsten, der sagte: *„Wer zum Schwert greift, kommt durch das Schwert um."*
Für die Kriegsmaschinerie stehen Milliarden zur Verfügung, für die Linderung von Not im Vergleich dazu ein Alibibetrag. Täglich verhungern Zig-Tausende Menschen, weil mit den übervollen Getreidesäcken der Satten die künstlich gezüchteten Tiere gemästet werden. Insbesondere die Völker, die sich unter das Joch der institutionellen Kirchen begeben und auch anderen Völkern ihren Stempel aufgedrückt haben, sind verantwortlich für das bevorstehende Desaster, das verharmlosend Klimawandel genannt wird. Herrschsucht und Machtgier der Menschen haben diese Erde an den Abgrund gebracht.

Die Götzenbeschwörer führen in ihren Reden die Worte des Ewigen wohl an; doch es sind Lippenbekenntnisse, die sie mit ihrer Überlieferung und ihren menschlichen Vorstellungen vermischen und verbiegen, um sie so dem ausbeuterischen Egomanentum der Menschheit dienstbar zu machen.

Noch einmal die Frage: Welche Religion hat bisher den Beweis angetreten, dass ihr Gott der Gott ist, der zu Gerechtigkeit und Frieden führt? – Ein Blick in diese Welt zeigt auf: Der Beweis blieb aus. Anstatt der guten Früchte der Gerechtigkeit, die dem Bewusstsein der Einheit allen Seins entspringen, zeigen sich die Früchte priesterlichen Blendwerks und all derer, die sich davon blenden ließen und lassen.
Doch Gottes Wort hat Gültigkeit. *„Denn wahrlich, Ich sage euch: Bis der Himmel und die Erde vergehen, soll auch nicht ein Jota oder ein Strichlein von dem Gesetz vergehen, bis alles geschehen ist."* Wohlgemerkt: Sein Wort – nicht das Priesterwort.

Gott, der Ewige, sprach durch Jesaja: *„Die Erde ist Mein"*. Die Erde wird Sein bleiben. Doch sie wird gereinigt werden von den Schlacken menschlicher Ichsucht, von der Brutalität, die zu Vergiftung, Zerstörung und Verwüstung geführt hat. Die Menschheit wird die Folgen ihres Handelns zu tragen haben, das aus dem satanischen Wunsch entstanden ist, dem Ewigen das Seine rauben zu wollen: Die Schöpfung, die Erde mit ihren Mineralien, Pflanzen und Tieren. Immer wieder rief der Ewige zur Umkehr auf, doch das menschliche Ohr blieb taub.

Um die Furcht vor den Folgen des eigenen Tuns zum Schweigen zu bringen und zu verdrängen, wandte sich der Großteil der Menschen den weihrauchumnebelten Betäubungsritualen zu, mit Ablass und Beichtkulten, die die Ursachen nicht beheben, sondern weiteren Vergehen Vorschub leisten.

Priesterliche Zeremonienmeister huldigen ihren selbst geschaffenen Götzen

Kein Prophet hat je eine äußere Religion gegründet, durch die die Menschen an Rituale, Dogmen und Glaubenssätze gebunden werden. Der freie Geist, der die Einheit allen Lebens ist, hat auch durch keinen Propheten Mittler eingesetzt, über die die Kommunikation mit Seinen Schöpfungskindern zu führen sei. Warum lehrte uns Jesus von Nazareth im Vaterunser die direkte Verbindung zu Gott, den wir als Vater ansprechen können, und warum lehren die Kirchen das Gegenteil davon, indem sie den Priester als Mittler zwischen Gott und Sein Kind schieben?

In Seinem mächtigen Offenbarungswort führte und führt der Ewige die Menschen stets direkt und unmittelbar in die Verantwortung in Bezug auf ihr eigenes Fühlen, Denken und Handeln, aber auch gegenüber allem, was lebt. Die Priesterreligionen jedoch installierten sich selbst, um die Menschen an sich und ihre Kulte zu binden. Sie errichteten Steinhäuser und stellten Abgötter hinein, zu deren Götzenbildnissen sie und ihre Mitläufer, die Menschen, beten sollen. Bis auf den heutigen Tag knien die Menschen vor den sogenannten Heiligen, obwohl das Wort der wahren Gottespropheten zu allen Zeiten den Götzendienst anprangerte.

Dazu ein weiteres Gotteswort durch Jesaja: *„Wenn du um Hilfe schreist, dann sollen doch deine vielen Götzen dich retten, aber sie alle trägt der Wind davon, ein Hauch bläst sie weg. Doch wer Mir vertraut, wird das Land zum Erbe bekommen und Meinen heiligen Berg besitzen.“*

In den Priesterreligionen damals wie heute huldigen die Zeremonienmeister ihren selbst geschaffenen Götzenbildern. Sie rufen Gott an mit ihren Leierreden, in denen sie das Geheimnis beschwören, und lassen sich vom Volk, von dem sie sich durch aufwändige Kleider geflissentlich abheben, viel für ihren geheimnisumwitterten Gott und dessen Götzendienste bezahlen. Ihre Pfründe suchen sie zu erweitern und zu mehren. Ihre Weidefläche ist das Volk, das zahlungswillig die Kulthandlungen annimmt, ohne diese mitsamt ihren Okkultpriestern zu hinterfragen und sie im Licht der wahren Gottespropheten auf ihren Wahrheitsgehalt zu prüfen.

Dreist behaupten die Institutionen: Das Amt des Propheten ist auf die Priester übergegangen; wenn der Priester oder Bischof im Lehramt spricht, dann spricht Gott durch ihn.

Dabei ist schon in den Büchern Mose, auf die sich die Institutionen berufen, nachzulesen: *„Wenn du aber in deinem Herzen sagen würdest: Wie können wir merken, welches Wort der Herr nicht geredet hat? Dann wisse: Wenn der Prophet im Namen des Herrn redet, und es wird nichts daraus und trifft nicht ein, so ist es ein Wort, das der Herr nicht geredet hat; der Prophet hat aus Vermessenheit geredet, darum erschrick nicht vor ihm!"*

Die Werke der Priesterreligionen haben selbst den Beweis erbracht, wo sie anzusiedeln sind. Denn keine Religion hat den Beweis der Wahrheit des Gotteswortes erbracht, indem sie erfüllte, was durch die Propheten angekündigt wurde: das Leben der Erde mit ihren Mineralien, Pflanzen, Tieren und Menschen in die Einheit zu führen, in der jedes Lebewesen seinen würdigen Platz als Schöpfungskind Gottes findet. Ein Beweis der äußeren Religionen, dass sie das Wort Gottes lebendig werden lassen und in der Erfüllung der Verheißung der Gottespropheten stehen, wurde nicht erbracht, so dass sie, wie der Ewige durch Jesaja sprach, *„das Land zum Erbe bekommen und Meinen Heiligen Berg besitzen", „das Land, das mit Weisheit gefüllt ist, so wie das Meer mit Wasser gefüllt ist."*

Nicht nur Jesaja, auch Hosea, Jeremias und Jesus sowie viele andere Wortträger Gottes kündeten das Reich des Friedens an, ebenso die Erfüllung des Bundes mit Gott, die sich in der Einheit allen Lebens zwischen Mensch, Natur und Tieren zeigen würde. Hätten die Religionen die Verheißungen der Gottespropheten erfüllt, dann hätten sie die Wahrheit des Gotteswortes bewiesen. Die Erde stünde heute anders da.

*Der Ewige kündigte einen Bund
mit den Tieren an – die institutionellen
Kirchen opfern weiterhin Seine Geschöpfe*

Durch den Propheten Hosea kündigte der Ewige das Schließen eines Bundes mit den Tieren des Waldes, der Felder, ja der gesamten Erde an. Die Institutionen Kirche aber sprechen den Tieren die Seele ab. Sie betrachten sie als unbeseelte Wesen, die nur instinkt-gesteuert wären. Womit soll also der Ewige den Bund schließen? Mit seelenlosen Kadavern?
Nur wer seinen eigenen Leib zu einem Opferaltar für Leichenfleisch gestaltet hat, um nicht zu sagen verunstaltet hat, kann in den Tieren

mit ihrem feinen Empfinden, mit ihren Wesenszüge, die voller Charakter und Leben sind, das Beseeltsein nicht erfassen. Sein Gefühl ist stumpf der Schöpfung gegenüber.

Die Institutionen der so genannten christlichen Kirchen widersprechen seit Jahrhunderten dem Gotteswort, das durch Propheten gegeben wurde. Sie haben sich selbst gekrönt als die Krone der Schöpfung, deren Opfer die Schöpfung auf ihren selbst gezimmerten Altären ist. Wohin dies geführt hat, zeigt deutlich der Zustand dieser Erde.

Viele Generationen vernahmen Sein Wort und haben es in den Wind geschlagen. Die Basis für ein Leben im Bewusstsein der Einheit und der Freiheit des großen All-Einen haben sich viele Menschen verbaut durch Neid, Hass, Feindschaft, Feindseligkeiten bis hin zu kriegerischen Handlungen, Mensch gegen Mensch, Volk gegen Volk, Mensch gegen Natur und gegen die Tiere.

Unsägliches Leid für Menschen, aber auch für die gesamte Natur auf der Erde wurde verursacht, weil der prophetische Geist, der Ruf des Ewigen, zu allen Zeiten von der Mehrheit der Menschen in den Wind geschlagen wurde.

Der gesetzmäßige Erlösungsplan, der aus dem Reich Gottes hervorging, wurde und wird stets von den Gegensatzkräften, die dem Widersacher Gottes angehören, torpediert. Nicht nur die Wortträger Gottes werden durch die jeweils herrschende Priesterkaste angegriffen und verfolgt und, je nach dem herrschenden Zeitgeist und den damit verbundenen Gegebenheiten, durch Mord oder Rufmord ausgeschaltet. Auch das Wort selbst wurde da, wo es nicht unterdrückt werden konnte, von den Kultpriestern vereinnahmt und nach Möglichkeit verfälscht und unterschlagen. Um das Gotteswort durch die Propheten drapierten sie ihre Priesterworte, die zum Teil kaum merklich, aber durchgehend, die Aussage des Gottespropheten in ihr Gegenteil verkehrten.

Am deutlichsten wird dies bei Mose sichtbar. Gottes Gebot durch Mose lautet: „Du sollst nicht töten". In den so genannten Büchern Mose, welche großteils Priesterschriften sind, wird jedoch angeblich von Gott Mord und Totschlag befohlen. Der Kampf der Priesterkaste gegen die Gottespropheten wird auch bei Mose und Aaron klar erkennbar. Aaron führte das Goldene Kalb ein, während Mose das Gesetz Gottes empfing. Aaron führte den Priesterkult ein. Vieles davon hat man später Mose in den Mund gelegt.

Der evangelische Theologe und Kirchenhistoriker Walter Nigg beschreibt in seinem Buch „Prophetische Denker. Löschet den Geist nicht aus!" den Priester als den natürlichen Feind des Propheten. Wenn also durch die wahren Gottespropheten Gott spricht, der Priester aber der natürliche Feind des Propheten ist, wem dient dann der Priester? Es waren die Priester der damaligen Couleur, die Jesus ans Kreuz brachten. Es waren die Priester, die Stephanus durch die Römer steinigen ließen. Es waren immer die Kultpriester, die gegen das Wort Gottes vorgingen. Warum? Weil Gott durch die wahren Gottespropheten immer die Priesterschaft entlarvte, so, wie auch Jesus zu den Menschen der damaligen Zeit sprach: *„Ihr sollt euch nicht Rabbi nennen lassen"*. Übersetzt in die heutige Zeit heißt das: „Ihr sollt euch nicht Pfarrer, Priester, Bischof oder gar Papst nennen lassen, denn ihr seid alle Brüder und Schwestern. Nur Einer ist euer Meister: Christus".

Die Priester, die vorgeben, die Mittler zu Gott zu sein, haben aus Gott ein Produkt gemacht, an dessen Etikett sie sich heften und für das sie sinnbildlich das Patent angemeldet haben. Wer Gott ohne sie finden will, dem wird der Prozess gemacht. Er wird vom Seelenheil ausgeschlossen, auf ewig. Ihre Vorgabe: „Ohne uns kein Kontakt zu Gott" ist, gemessen an den Worten Jesu, reine Blasphemie, reine Gotteslästerung. Sie ist der Kern des satanischen Gedankens, größer sein zu wollen als

Gott und Gott von Seiner Schöpfung zu trennen. Das „Trenne, binde, und herrsche" ist das Credo der Priesterkult-Religionen, einerlei, welcher Couleur. Das Wort der Gottespropheten hingegen steht unter dem Siegel Gottes: „Verbinde, und sei."

Priesterreligionen haben sich aufgebaut zu ihrem eigenen Wohl und zum Wohl der Mächtigen. Sie schröpften und schröpfen in unterschiedlicher Ausprägung die Völker, die ihnen willfährig folgen, um sich durch sie angeblich vor dem Gesetz Gottes vertreten zu lassen. Wie eine Krake haben sich die Kultreligionen über diese Erde gelegt, um die Völker auszusaugen und sie in ihren Dienst zu stellen. Christus sprach als Jesus von Nazareth davon, dass Er nicht gekommen ist, das Gesetz der Propheten aufzuheben, sondern zu erfüllen. Er sprach von der Erfüllung, nicht von Kult, Tradition, Dogmen und Ritualen, und Er gab uns einen Maßstab zur Hand, mit dem wir das Wirken in Seinem Geiste erkennen können. Der

Maßstab ist: *„An ihren Früchten werdet ihr sie erkennen."* Das heißt: Die Tat in Seinem Geiste bringt gute Früchte. Dort, wo schlechte Früchte zum Vorschein kommen, da wirkt nicht Er, sondern Sein Widersacher.

„An ihren Früchten
werdet ihr sie erkennen"

Warum steht die Welt nach 2000 Jahren, in denen sich kirchliche Institutionen auf Ihn berufen und weltweit zur größten Kultreligion der Menschheit geworden sind, am Abgrund? Das schlichte Kriterium, das uns Jesus an die Hand gegeben hat, gibt Aufschluss darüber: *„An ihren Früchten werdet ihr sie erkennen."* Heute geht die schlechte Saat auf, die Ernte der verdorbenen Früchte ist im Gange.

Warum? Weil keine Religion den Beweis erbracht hat, dass sie das durch die Gottespropheten angekündigte Reich des Friedens Wirklichkeit werden lassen will.

Wo steht die sogenannte Christenheit? Wo stehen die mächtigen, einflussreichen Institutionen der Kultpriester mit ihren Abermilliarden, die sie über Jahrhunderte dem Volk entzogen haben? Stehen sie in der Erfüllung der Bergpredigt, so dass man sagen könnte: „An ihren guten Früchten kann man sie erkennen, dass sie in Seinem Geiste, im Geiste des Christus Gottes wirken"?

Ganz im Gegenteil. Intrigen, Hierarchiegerangel, Prunksucht, Machtgier bis hin zu Kindsmissbrauch und dessen Vertuschung sind die kultverbrämten Auswüchse am Stammbaum der Priesterreligionen.

Das sind vielfach die verdorbenen Früchte eines Kultes, dessen Gipfel der Verhöhnung darin besteht, dass er sich auf Jesus, den Christus, beruft – auf Ihn, der die damaligen Kultpriester mit den scharfen Worten geißelte: *„Ihr seid wie die übertünchten Gräber, außen hübsch anzusehen, innen aber voller Moder und Totengebein."*

Die Pflege der Seele
lässt sich nicht delegieren

Von blinden Blindenführern ließen sich viele Menschen Augenbinden umwickeln, in dem Irrglauben, die Entwicklung ihres Seelenheils einem Priester übertragen zu können.

Die Verantwortung des Einzelnen wurde an Priester abgegeben, obwohl Gott, der Ewige, stets durch Seine Gesandten direkt zum Volk sprach – und nicht über die Priester. Jeder Einzelne ist gefragt, Verantwortung zu tragen für das Wort des Ewigen, das Er an die ganze Menschheit richtete.

Wer sich binden lässt durch Stellvertreter – sie mögen sich Pfarrer, Bischof oder gar Papst nennen –, wer sein spirituelles Leben an die Berufsgenossenschaft der rituellen Ablasshändler, der Priester, abgegeben hat, der läuft Gefahr, ohne lebendiges, aktiviertes Bewusstsein über die Schwelle des Todes ins Jenseits zu gehen. Seine eventuell kläglich entwickelte Seele wird sich wieder bzw. immer noch an die Vorstellungswelt der Priesterschaft gebunden finden, bis sie erkennt: Die Pflege und Entfaltung der Seele kann nicht an einen anderen Menschen delegiert werden, an keinen Priester, an keinen Pfarrer, an keinen Bischof, an keinen Papst.

Jesus von Nazareth wandte sich in der Bergpredigt an jeden Einzelnen. Er hat nicht die Priesterschar einberufen und ein Konzil geleitet, um Dogmen zu erlassen. Er rief die Menschen auf, Ihm nachzufolgen, aus freien Stücken, nicht durch eine Taufe von Unmündigen, nicht durch Mittler, nicht durch die Hierarchien der Kult-Priesterschaft.

Jeder Einzelne ist gefragt, wenn es darum geht, das Reich des Friedens auf dieser Erde zu errichten durch die Erfüllung der göttlich-geistigen Gesetzmäßigkeiten, wie sie die Gesandten Gottes, Seine Propheten, übermittelten, und insbesondere Jesus, der Christus.

Sein Wort durch die Gesandte Gottes –
Gabriele

Bevor Er auf Golgatha zum Erlöser aller Seelen und Menschen wurde, kündigte Er Sein Kommen im Geiste an, als der Herrscher des Friedensreiches. Er kündigte den Tröster an, den Geist der Wahrheit, der uns in alle Wahrheit führen wird. Was Er versprach, das hat Er gehalten. Immer reicher hat der Ewige die Fülle Seines ewigen Wortes an die Menschen weitergegeben.

Dem Wort aller wahren Gottespropheten, das sich rückblickend aufschlüsselt wie eine Perlenschnur, liegt ein mächtiger Erlösungsplan des Ewigen zu Grunde. Immer mächtiger, in immer tieferen und umfassenderen Offenbarungen sprach und spricht Er durch Seine Boten.

Wer die Worte der wahren Gottespropheten zu erfassen vermag, der sieht darin die Weisheit Gottes, die sich wie ein leuchtender Faden durch alle Offenbarungen durch Seine Gesandten zieht.

Von Abraham über die Propheten des Alten Bundes bis hin zu Jesus, dem Christus, strömte in immer mächtigerem Strom Sein Wort, die Wahrheit der Himmel, zu uns Menschen. Unerschöpflich wie die Ewigkeit selbst, gießt der Ewige aus Seinem Füllhorn durch Seine Instrumente Sein Wort unter die Menschen, so weit, wie sie es fassen konnten.

Seit über 36 Jahren spricht der Ewige nun in einem mächtigen Strom zu uns Menschen, durch Seine Prophetin und Botschafterin, die Gesandte Gottes, Gabriele. In einem nie da gewesenen Ausmaß und in allen Einzelheiten lehrt Er uns die Gesetzmäßigkeiten des ewigen Seins, so weit, wie sie mit den Ausdrucksmöglichkeiten der menschlichen Sprache in den drei Dimensionen wiedergegeben werden können.

Durch Gabriele lehrte und lehrt Er uns all das, was Seine Jünger in der damaligen Zeit noch nicht tragen konnten. Durch sie vollendet Er Seine Lehrtätigkeit, die Aufklärung und

Hinführung zu Gott in uns, Der im Urgrund in jedem Menschen wohnt.

Das umfassende Wort der Ewigkeit, soweit es in der unzureichenden Sprache der drei Dimensionen, also in unserer menschlichen Sprache wiederzugeben ist, wurde und wird in alle vier Winde durch Fernsehstationen und Radiostationen übermittelt. Unermüdlich ruft Er die Seinen, sich ihrer göttlich-geistigen Herkunft bewusst zu werden, der Kindschaft Gottes, die alle Menschen als Seine Söhne und Töchter wieder zusammen führen möchte.

Das All-Sein, Gott, der Ewige, ist unwandelbar. Er spricht im ICH BIN, DER ICH BIN, von Ewigkeit zu Ewigkeit. Seine Botschaft ist die Botschaft aus der ewigen Heimat, an alle Seine Menschenkinder. Was Er durch Seine Gottespropheten in die Welt hinein ruft, gilt gestern, heute und morgen. Es steht so lange in der Atmosphäre der Erde, bis es sich durch diejenigen erfüllt, die Seinem Wort nachfolgen, indem sie Schritt für Schritt die Gesetzmäßigkeiten des ewigen Seins in ihrem Leben erfüllen.

Das Wort Gottes durch Gabriele wird in einer unbeschreiblichen Fülle in alle Welt getragen. Zu Beginn reiste Gabriele in viele Länder dieser Erde, und Gott, der Ewige, und Christus, der Sohn Gottes, offenbarten sich mit machtvollen Worten vor unzähligen Menschen. Es waren zum Teil über 1000 Hörer, die dem Wort Gottes lauschten und die erleben konnten, wie die geistige Welt unmittelbar nicht selten über eine Stunde durch Gabriele sprach.

Für Menschen, die dieses einmalige Ereignis nicht selbst erleben konnten, ist es zum Teil „unfassbar", wie es ein junger Mann anlässlich eines Besuches in der Sophia-Bibliothek ausdrückte. Wie viele Menschen weltweit kennt er die Botschaften aus dem All durch Fernsehsendungen und durch Tonträger. Er fragte dann ganz interessiert: »Sagen Sie, waren Sie bei einer Offenbarung dabei? War es wirklich „live"? Gab es kein Papier, kein Manuskript?« Viele Menschen können es bezeugen: Ja, es war und ist Gott, der Ewige, der oftmals über eine Stunde frei von innen her gesprochen hat und spricht, es ist das Wort Gottes, das Wort des Schöpfers des Alls.

Dieses mächtige Geschehen ist wirklich nahezu unfassbar. Denn es bedarf für den Gottespropheten der äußersten Konzentration, im Inneren das Wort Gottes zu vernehmen, um es dann in seiner Muttersprache wiederzugeben und sich dabei durch nichts davon ablenken zu lassen. Nie gab es in der Menschheitsgeschichte ein größeres Zeugnis für den prophetischen Geist als in dem geoffenbarten Gotteswort durch Gabriele vor so vielen Tausenden von Menschen weltweit.

Das unverfälschte Wort Gottes ist gegeben. Es kann von jedem Menschen frei geprüft werden. Die *Sophia Bibliothek* beinhaltet den großen Schatz des unverfälschten Wortes Gottes, sie ist die Bundeslade des freien Geistes. Das unverfälschte Wort Gottes ist übersetzt in viele Sprachen und frei zugänglich für jeden Menschen.

Durch Jesaja kündigte der Ewige an, Er werde ein Panier aufstellen, das die Seinen ein zweites Mal aus allen vier Winden sammelt.

Das Panier ist aufgerichtet, der Christus-Gottes-Geist spricht zu uns Menschen. Seit über 36 Jahren geht, wie bereits ausgeführt, das Wort des Ewigen und Seines Sohnes, des Mitregenten der Ewigkeit, Christus, durch Seine Gesandte, Gabriele, in alle vier Winde. Er sammelt die Seinen, die sich durch Seinen Geist berühren lassen und sich aufbereiten, um aufs Neue das gemeinsam zu errichten, was in der Vision des Jesaja angesagt ist: Das Reich des Friedens, in dem nichts Böses mehr getan wird, „auf Seinem ganzen heiligen Berg".

Durch den Propheten Hosea kündete der Ewige, wie gesagt, einen Bund mit den Tieren an. Er sprach:

„Für sie werde Ich an jenem Tage gewisslich einen Bund schließen in Verbindung mit den wilden Tieren des Feldes und mit den fliegenden Geschöpfen der Himmel und den Kriech-

tieren des Erdbodens, und ... Ich will sie in Sicherheit sich niederlegen lassen."

Jener Tag ist da. In unserer Zeit erfüllt sich ein weiterer Teil Seines göttlichen Planes.
Der Ewige macht wahr, was Er durch Seine Propheten der Menschheit verkündet hat:
Das Fundament des Friedensreiches des Jesus, des Christus, wird in dieser Zeit errichtet. Durch Seine Gesandte, Gabriele, die Gott, der Ewige, Seine Prophetin und Botschafterin nennt, wurde der Grundstein gelegt, um Sein Wort, gegeben durch Jesaja, Hosea und andere Propheten, in die Tat umzusetzen, durch das Tatwerk der Nächstenliebe an Mensch, Natur und Tieren.
Daraus entstand – und es entwickelt sich weiter – der Beweis der Wahrheit der Lehre des Ewigen, welcher der eine Gott ist: der Gott Abrahams, der Gott Moses und Jesajas, der Gott des Jesus von Nazareth und aller wahren Propheten. Der Grundstein ist gelegt. Der Eckstein, den die religiösen Institutionen verworfen

haben, wird zum Schlussstein werden. Der Plan Gottes erfüllt sich. Die Fragmente der überlieferten Worte durch die großen Gottespropheten werden erst durch das unverfälschte Wort Gottes in unserer Zeit in ihrer umfassenden Bedeutung wieder sichtbar.

Dank Gabriele verstehen wir jetzt die Worte des Ewigen, die uns durch Jesaja überliefert sind:
„Der Himmel ist Mein Zelt und die Erde Meiner Füße Schemel. Welches Haus wollt ihr Mir bauen, hat nicht Meine Hand all dies gemacht?"
Es ist die redende All-Einheit, das All-Leben, das zu uns spricht und uns in das Bewusstsein der Einheit allen Seins führen möchte. Die Religionen haben mit ihren Gedankengebäuden und Prunkbauten die Menschheit entzweit. Gegenseitige Ausgrenzung, bis hin zu religiös verbrämten Kriegen, waren und sind die Folgen.

Der redende Gott der wahren Gottespropheten hat zu allen Zeiten Seine Boten gesandt, um die Menschen aus ihrem priesterlichen Blendwerk heraus zu führen. Der prophetische Geist ist immer der Geist der Freiheit und der Gerechtigkeit, der Geist der Einheit allen Seins. Wo immer anderes anzutreffen ist, stammt es nicht von Gott.

Durch Gottes Wortträger von Abraham bis Gabriele wurde der geistige Bogen gespannt, der göttliche Plan ist offenbart.
Der Cherub der göttlichen Weisheit, einst im Erdenkleid der große Gottesprophet Jesaja, ist verantwortlich für das Friedensreich Jesu Christi auf Erden. Sein Geistdual ist inkarniert in Gabriele. Vereint wirken sie für den Plan Gottes. Die Schöpferwiege Gottes wurde gerettet durch die Erlösertat des Christus Gottes. Sein Licht strahlt in jeder Seele und in jedem Menschen. Das Bewusstsein der Verbundenheit allen Seins, wie es heute durch Gabriele geschult wird, führt die Menschen schrittweise dahin, ihren Ursprung in sich selbst wieder zu erschließen, das göttliche Selbst, das göttliche

Sein, das im Wesenskern jedes Menschen ange-
legt ist. Aus der Erschließung des Bewusstseins,
dass jeder ein Sohn, eine Tochter Gottes ist,
und dass unsere Mitgeschöpfe ebenso aus
Gottes Odem sind, entwickelt sich ein voll-
kommen anderer Umgang mit der Natur, mit
den Pflanzen, mit den Mineralien und den
Tieren. Menschen werden lernen, die Tiere als
ihre kleinen Geschwister zu erkennen. Sie
werden in den Pflanzen die sich entwickelnden
Wesen wahrnehmen, die ebenso wie sie aus
Gottes All-Einheit sind. Der Umgang mit den
Mineralien wird nicht mehr achtlos sein, so
dass Mensch, Natur und Tiere wieder zu der
Einheit finden, die sie vom Schöpfergeist des
Alls von Ewigkeit her sind: Wesen aus Seinem
Ursprung, aus der Kraft des Schöpfergottes.

„Wie im Himmel, so auf Erden" – der Einheitsgedanke für ein neues Menschentum

In diesem Bewusstsein gründete Gabriele die Internationale Gabriele Stiftung, die heute weltweit ausstrahlt, als Vorbild und Leitstern für die weiteren Stiftungen, insbesondere in Afrika. Menschen guten Willens sind weltweit gerufen, mit aufzubauen an dem Einheitsgedanken, der besagt: „Wie im Himmel, so auf Erden".

Aus diesem gelebten Einheitsgedanken entwickelt sich ganz allmählich ein neues Menschentum mit einer höheren Ethik und Moral. Es wird ein Menschentum der Freiheit, ein Menschentum der bewussten Lebensführung in der Achtung vor der Schöpfung und in der Erkenntnis der Einheit allen Seins.

Das Land, von dem die großen Gottespropheten kündeten, ist da! Es bildet die Basis, die ausstrahlt und weitere Oasen des Lebens aufbaut, vorwiegend in Afrika. Afrika ist die Wiege der Menschheit, und Afrika wird die Wiege einer neuen Menschheit sein, die die höhere Ethik und Moral des Jesus von Nazareth angenommen hat und die mit das Land aufbaut, für das Erscheinen des Christus Gottes im Geiste.

Intensivste Kommunikation besteht jetzt schon zwischen dem immer mehr sich erweiternden Land des Friedens und den Wiegen in Afrika. Das Kind liegt noch in der Wiege, doch entwächst das Kind der Wiege, dann reift es heran, und es werden Menschen da sein, die in der Erfüllung der höheren Ethik und Moral leben. Dann schließt sich der Kreis zu dem Land des Friedens der mächtigen Internationalen Gabriele Stiftung für die Neue Zeit.

Der Anfang ist gemacht, das Kind liegt, wie gesagt, noch in der Wiege, doch es wird ihr entwachsen, und es wird sein:

Das Land des Friedens,
die Erfüllung der Visionen aller großen
Gottespropheten.

An den Schluss dieses Buches sei ein Wort des Ewigen gestellt, gegeben durch den großen Gottespropheten Jesaja. Es macht deutlich: Das Wort der Propheten erfüllt sich.

„Denn wie der Regen und der Schnee vom Himmel fällt und nicht dorthin zurückkehrt, sondern die Erde tränkt und sie zum Keimen und Sprossen bringt, wie er dem Sämann Samen gibt und Brot zum Essen, so ist es auch mit dem Wort, das Meinen Mund verlässt: Es kehrt nicht leer zu Mir zurück, sondern bewirkt, was Ich will, und erreicht all das, wozu Ich es ausgesandt habe. (Jesaja 55, 10-11)

Lesen Sie auch ...

Biographie

Die Gesandte des Christus Gottes, Seine Prophetin der Jetztzeit, Gabriele

„Noch vieles habe Ich euch zu sagen, aber ihr könnt es jetzt nicht tragen. Wenn aber jener kommt, der Geist der Wahrheit, wird Er euch in die ganze Wahrheit führen." So sprach Jesus von Nazareth vor zweitausend Jahren.

Gabriele ist der lebende Beweis dafür, dass Gott sich auch heute, in unserer Zeit, nicht den Mund verbieten lässt. Denn der freie Geist weht, wo Er will. Sie ist der Beweis dafür, dass Gott, unser aller Vater, Seine Kinder liebt. Denn Er lässt uns nicht alleine - auch nicht in einer Zeit der Umwälzungen und Katastrophen, in die wir Menschen uns selbst hineinmanövriert haben.

Mit 2 Audio-CDs:

* „Tiefenatmung" und „Verweile in Dir" - 2 Meditationen

* „Den einen Gott verschmäht ihr und glaubt an die ewige Verdammnis. Ich Bin der Gott der Liebe" - Eine Offenbarung Gott-Vaters

316 Seiten, geb., Euro 19,80. ISBN 978-3-89201-332-7

Das ist Mein Wort

A und Ω

Das Evangelium Jesu

Die Christus-Offenbarung, welche inzwischen die wahren Christen in aller Welt kennen

Ein Buch, das Sie um Jesus, den Christus, wissen lässt. Die Wahrheit über Sein Wirken und Leben als Jesus von Nazareth.

Aus dem Inhalt: Kindheit und Jugend Jesu • Die Verfälschung der Lehre des Jesus von Nazareth • Pharisäer gestern und heute • Jesus liebte die Tiere und setzte sich immer für sie ein • Die Bergpredigt • Sinn und Zweck des Erdenlebens • Voraussetzungen für die Heilung des Leibes • Jesus lehrt über die Ehe • Vom Wesen Gottes • Gott zürnt und straft nicht. Das Gesetz von Ursache und Wirkung • Die Lehre der „ewigen Verdammnis" ist eine Verhöhnung Gottes • Über Tod, Wiedergeburt und Leben • Die kommende Zeit und die Zukunft der Menschheit • Die wahre Bedeutung der Erlösertat Christi u.v.a.m.

Mit Audio-CD der Originalaufzeichnung eines Göttlichen Prophetischen Heilens, gegeben durch Gabriele, die Prophetin und Botschafterin Gottes für diese Zeit; außerdem eine kurze Autobiographie von Gabriele, inklusive Kohlezeichnung.

neu! aus gabr.

1128 S., geb., Euro 19,80. ISBN 978-3-89201-271-9

Gerne übersenden wir Ihnen unser aktuelles Buchverzeichnis.
Gabriele-Verlag Das Wort GmbH
Max-Braun-Str. 2, 97828 Marktheidenfeld
Tel. 09391/504135. Fax 09391/504133
www.gabriele-verlag.de